당신은
나에게 아름다운
풍경입니다

| 서로에게 있어 아름다운 풍경들 |

당신은
나에게 아름다운
풍경입니다

최정민 쓰다

책나무

| 목차 |

제1부

하늘을 사랑하고픈 사랑 · 9 | 당신은 나에게 친구입니다 · 10 | 내 마음을 아는 당신이 있어 행복합니다 · 12 | 나는 당신을 가질 수 있을 거 같았어요 · 14 | 당신이 문을 열고 들어오면 · 16 | 어여쁘다 어여쁘다 하였지요! · 18 | 당신은 나에게 잊어지겠는지요? · 20 | 혼자라고 생각 말아요 · 22 | 난 그리움이 물이 되어 흐른다 · 24 | 물들어라 물들어라 당신 내게로 · 25 | 사랑할 수밖에 없어서 사랑합니다 당신을 · 26 | 오늘은 사랑 쉽니다 · 29 | 가끔은 뒤틀린 감정이 돼요 · 30 | 사랑이 익어서 떨어지면 정이 되는 것을 · 32 | 배꽃처럼 하얀 당신입니다 · 34 | 당신을 바라봄이 휴식입니다 · 36 | 달려가고 싶은 마음 그대는 알까? · 38 | 이별을 고하자마자 당신이 가득해집니다 · 39 | 가을이 붉어지는 이유입니다 · 40 | 보는 순간 당신 생각이 났어요 · 42 | 나의 아픔을 가만히 안아주는 너 · 44 | 밤하늘의 별이 어두움을 무서워한다면 별이겠습니까? · 46 | 당신이 전하는 소식 · 47 | 시인은 널브러져 산다 · 48

제2부

나는 당신이 참 좋아요 · 51 | 당신이 보고 싶어요 꽃같이 예쁜 사람아! · 52 | 사랑하게 되었네 · 54 | 참 좋다 · 56 | 내 생일을 당신과 함께 맞이할 수 있다면 · 58 | 당신과 함께한 시간이 행복합니다 · 60 | 누구를 잃는다는 것은 마음이 무너지는 일이었다 · 62 | 참으로 아름답더구나 · 64 | 빗방울은 혼자인 적이 없다 · 65 | 사랑이 커피처럼 탄다 · 66 | 이슬이 터질 때마다 꽃이 핀다 · 67 | 알겠더라 네가 얼마나 내게 무관심한지를 · 68 | 손길 · 70 | 꽃이 술에 취해서 향기를 발하다 · 71 | 그리움이 도둑질을 한다 · 72 | 당신과 이렇게 사랑하고 싶습니다 · 73 | 사랑은 해볼 만하다 · 76 | 버려진 난 · 77 | 예쁜 미소가 어울리는 여자 · 78 | 내 사랑 광주 · 80 | 풍광 · 82 | 사랑하고 싶은 날 · 83 | 우와 · 84

제3부

사랑이기에 아름답다 · 87 | 사랑해요 당신과 함께하고 싶습니다 · 88 | 사랑도 영화처럼 상영하라 · 90 | 사랑이 울려 퍼지면 이 마음 알게 될까요? · 91 | 네가 나이기를 바랐다 그러나 아니었다 · 92 | 나에게 묻더라 뭐가 그리도 행복하냐고 묻더라 · 94 | 사랑하는 사이가 된다는 건 축복이야 · 96 | 사랑이 어지럽다 빈혈인가 보다 · 98 | 자연은 남이 만든 공간에 들어간 적이 없다 · 99 | 나도 당신에게 이런 모습이고 싶다 · 100 | 야경 · 102 | 감사 · 104 | 비우지 못할 사랑 · 106 | 늘 밝은 당신을 사랑합니다 · 108 | 당신은 참 축복된 사람입니다 · 110 | 껌을 씹다 · 112 | 사랑하는데 떠나보내면 용기 있는 걸까? · 114 | 사랑이야 내게 당신은 앵두 같은 사랑이야 · 116 | 놓쳐버린 사랑이 바람을 타고 날아오르다 · 118 | 이젠 누가 뭐라 해도 해보고 싶군요 그 사랑 바보같이 놓친 사랑 · 120 | 바라볼수록 아름다운 사람아 · 121 | 사랑아 울어라 길게 한숨지어라 사랑이 뭐가 예쁘다고 날 이렇게 · 122 | 오랜만에 행복 속에 있습니다 · 124 | 간결함 · 126 | 오해 · 127

제1부

하늘을 사랑하고픈 사랑

구름아
하늘이 그리워 우느냐?
먹구름아
하늘을 사랑하여 우느냐?
네가
사랑한 하늘은
너를 품어주지 않았나 보다

구름아 너는 아느냐?
하늘의 마음을 알아주었느냐?
먹구름아 너는 아느냐?
하늘의 눈물을 알아주었느냐?
네가
사랑한 하늘은
늘 네 안에 있지 않으냐!

당신은 나에게 친구입니다

계속 알아가고 싶은 친구고
좋아한다고 하기보다
사랑한다고 말해주고픈
친구입니다 당신은

한없이 편하고 싶은 친구고
의지가 되는 고운 친구로
그냥 아무 말이나 막 해도
날 품어줄 거 같은 당신은

부드럽고 다정해서
내가 다 주고 싶고
당신 꺼 다 받고 싶은
순수한 친구입니다

사랑한다고 서로 얘기해도
오해하지 않고
사랑만 할 수 있는
소통이 잘되는 친구이고 싶습니다

이런 친구가 되어
내 곁에 남아주십시오
그러면 난 한없이
행복할 것 같습니다

내 마음을 아는 당신이 있어 행복합니다

어두운 날에도
빗속을 뚫고
걸어오시는 당신은
내 작은 가슴 천둥에 놀랄까
염려합니다

가만히 있으면
대답도 없으시면서
내가 말없이 있으면
내가 얼마나 많이 아픈 중인지
알고 있습니다

하늘의 달도
별도 뜨지 않는 밤에도
내 얼굴만 보인다는 당신은
날 참 많이도 아껴줍니다
그 사랑이 오늘도 보입니다

여린 당신이 나약한 나를
어찌 생각하시는지 알기에

나 또한 당신을 가여워합니다
그냥 당신에게 마음이 흘러
사랑이 갑니다

나는 당신을 가질 수 있을 거 같았어요

사랑이
피었네 피었네
당신에게 표현만 하지 않으면
알지 못할 거라고 여겼지요
하지만 피고 만 사랑은
벙어리처럼 피어만 있어도
당신의 눈에 띄고
당신의 가슴에 띄고
당신의 몸짓에 띄고
아! 어이해야 하나요!

숨겨야 하는데
숨겨야만 하는데
당신이 보고 싶어서
당신 마음이 알고 싶어서
당신 고운 몸짓에
미소가 지어져서
당신에게 그만 들키고 맙니다
내 맘을 그대로
내 사랑을 고스란히

내 여문 사랑의 깊이를…

당신이 문을 열고 들어오면

당신이 문을 열고 들어오면
아침 햇살이 따라 들어와
하루를 알릴 것만 같아요
기운이 다 빠지게 일하고
지칠 대로 지친 당신을 끌어안으려고
당신을 그대로 따라 왔나 보아요

아픈 몸 여기저기 두둥실거리는
피곤함이 축 처져서 누울 때
하루해는 언제 뜨려는지
같이 잠을 청하려나 보아요
토닥토닥 잘 주물러 또 하루를
살맛 나게 하려는 잠이
아내처럼 안아주어요

이제 쉬세요
모두 다 잠들어
집에 돌아가는 한밤
이른 새벽빛 별처럼
당신도 곤히 잠드시어요

밤이 아침이 되고
아침이 당신을 일으켜 세우지 않도록
잠이 꼭 안아드릴게요

사랑하오니
내 사랑에 잠드소서
당신 옆에서 당신 잠을 지켜보아요
사랑으로 사랑스러운 눈으로
내가 당신을 바라보아요
이렇게 고운 당신을 사랑하며
기다린 시를 마음에 읊습니다

어여쁘다 어여쁘다 하였지요!

당신이 날 만질 때마다
어여쁘다 어여쁘다 하였지요!
당신이 날 대할 때마다
귀하다 귀하다 하였지요!
그래서 더 당신이 소중합니다

당신이 내 곁에 누울 때마다
소중해서 보고 또 바라보시니
당신 눈 속에 풍덩하고 소리가 날 듯
당신이 나에게 빠져 사랑하시지요
그래서 더 당신이 귀하십니다

오늘도 나를 당신품속에 안으시며
어여쁘다 여기시고
손도 못 대고 잠드셨습니다
그 마음 알아드려서 곁에 누우려 하는
저에게 다가오지도 않으셨지요

알고 있습니다
당신 따뜻한 마음이

나의 고운 마음에 스며들었답니다
당신이 그런 분이시기에
당신이 영원히 사랑스러울 거 같답니다

당신은 나에게 잊어지겠는지요?

말만 하여도
눈물이 왈칵하고
쏟아져 버립니다
당신은
나에게 잊어지겠는지요?

생각만 하여도
가슴이 아려오고
마음이 찢겨 나간답니다
당신은
나에게 잊어지겠는지요?

살아만 있어도
좋은 사람
숨소리만 들어도
좋은 사랑
당신은 나에게 잊어지겠는지요?

뜨거운 여름날에 만나
뜨거운 사랑을 하고

사랑이 단풍처럼 붉어오는
가을에 시원한 사랑을 했다면
당신은 나에게 잊어지겠는지요?

아니요
난 당신과 그렇게 해본
열띤 사랑이 아닙니다
그저 색도 없이 스며든 물 같은 사랑
당신은 나에게 잊어지겠는지요?

아! 죽어도 못 잊을 당신이 되어
아! 죽어서도 기억하고픈
사랑이 되었다면 당신은 나를
기억하시렵니까?
당신은 나에게 잊어지겠는지요?

혼자라고 생각 말아요

혼자라고 생각 말아요
내가 당신 품어줄게요
혼자라고 외로워 말아요
당신을 언제나 사랑해요
오늘도 내 마음의 사랑 창은
당신을 향해 열려있어요
혼자라고 슬퍼 말아요
당신위해 기도할게요
당신이 항상 웃을 수 있고
행복하게 되기를 원해요
하루 종일 당신이 보고 싶고
그리워져 당신 가슴의 아픔
모두 씻어내고 당신이
언제나 사랑받으시기에
충분한 아름다운
날들이 되길 바라요
사랑해요!
내 마음이 빛이 나는 건
당신 덕분이어요
내 마음이 행복한 건

당신 사랑이어요
울지도 않을게요
아프지 않을게요
혼자라고 생각 말아요
당신을 사랑해요!
당신을 원해요!
내 곁에 있어 주세요
나처럼 당신께 온전히
사랑이 되어주세요
사랑해요!

난 그리움이 물이 되어 흐른다

조그맣던 가슴이
부풀어 오르면
물이 되어 흐르네요
시내가 되어 새가 노래할까
강이 되어 버들이 되어 춤을 출까
바다가 되어 파도가 되어 나를까

난 그리움이 물이 되어 흐른다

잔잔한 물이 되오리
아무도 모르는 그리움이 되오리
무채색이 되어 모르는 그림이 되오리
시간이 지나 세월에 기록되어지리
환한 그리움이 되어 빛나고
어두움을 넘어버린 그리움이 되오리

난 그리움이 물이 되어 흐른다

물들어라 물들어라 당신 내게로

가을이 먼저 와
단풍을 기다렸나요?
단풍이 먼저 와
가을이 물들었나요?

사랑이 먼저 와
당신이 나에게 스며들었나요?
당신이 먼저 와
사랑이 나에게 스며들었나요?

아니지요!
이미 사랑에 물든 당신이
가을이 물든 단풍처럼
내 안에 안기어 왔지요

사랑할 수밖에 없어서 사랑합니다 당신을

묘한 감정에
이끌림도 아닙니다
두 눈에
콩깍지가 씌어서도 아닙니다
사랑할 수밖에 없어서
사랑합니다 당신을

당신을 뵈온 적도 없습니다
당신에 대해 아는 것도 없습니다
사랑할 수밖에 없어서
사랑합니다 당신을

도무지 알 수 없는 사랑을
당신을 향해 하고 있습니다
사랑할 수밖에 없어서
사랑합니다 당신을

어떻게 해야 할지도 모르겠고
어찌 다듬어야 할지도 알 수 없으며
사랑할 수밖에 없어서

사랑합니다 당신을

이 마음이 온전하다 하여
이 생각이 완전한지도 알 수 없고
당신을 사랑하지 않는다는 것은
상상도 아니 됩니다

사랑할 수밖에 없어서
사랑합니다 당신을
내 온몸으로 받아들여도
되는 것인지 도무지 알 수 없습니다

사랑할 수밖에 없어서
사랑을 하여도 당신을
품을 수 있는 자격이 나에게
허락되는 것인지 알 수가 없습니다

사랑합니다 아무것도 따지지 않고
사랑합니다 다 드리고픈 그대여!
사랑할 수밖에 없어서

사랑합니다 당신을

오늘은 사랑 쉽니다

오늘은 사랑 쉽니다
오늘은 내 마음에
푯말입니다

사랑이 그리워서 울다가
사랑이 하고파서 웃다가
사랑이 지독해져 화를 내다가

오늘은 사랑 쉽니다
쉬고 싶어졌습니다
하루 사랑에게 휴가를 줍니다

나는 그동안 쉬렵니다
사랑할 수 있는 나인지!
그리고 사랑받을 수 있는 나인지!

사랑을 쉬어야 하는 날이 왔네요
이별보다 나을 거라고 다독입니다
잠시 잠깐 사랑아 놀다오렴!

가끔은 뒤틀린 감정이 돼요

가끔은 뒤틀린 감정이 돼요
외로우니까
기다리다가 지치니까
그리고 참아야 하니까

울 수도 없어요
내가 잘못하지도 않았는데
무척 잘못한 것만 같아서
이 감정을 막아 세우고 조용히

또 기다립니다
잠잠해지기를
상한 감정이 깨지 않기를

일 년 열두 달 좋을 수 없고
품을 수도 없고
싸울 수도 없지만

한두 번은
나에게도 양보해주기를

간절히 원하게 될 때

가끔은 나도
나를 못 알아볼 만큼
화가 납니다

그리고
그 감정에 호소합니다
아무도 듣지 않을 걸 알면서…

사랑이 익어서 떨어지면 정이 되는 것을

꼭 사랑이어야 하나요?
사랑이 익어서 떨어지면
정이 되는 것을 모르시나요?
풋사과 같던 사랑이 새콤달콤
연둣빛으로 물들어 예쁘셨나요?

사랑이 익어서 떨어지며
정이 되어 뚝뚝 묻어나니까
그대는 아쉬운 건가요?
마음이 아픈 건가요?
빨갛게 정이 물드는 속살 하얀

빨간 사과처럼
그대에게 향기롭고 아름답게
다가갑니다
풋사과 같은 사랑의 설렘 너무 그리워 말아요

당신은 나에게 첫사랑 같은
연둣빛 사랑으로 곱게 익은
들다 들다 이름까지 물들어버려서

정이 된 사랑입니다
사랑합니다 여전히 당신만을…

배꽃처럼 하얀 당신입니다

하얀 달빛에 부드러운 향을 담았던가요?
노란 배의 속살을 닮았던가요?
연한 꽃잎 사이로 물든 달콤함
그 흐드러지게 피어나는 배꽃

당신은 그 하얀 꽃처럼 오십니다
단아하고 다정하게 연한 배 속처럼
하얗게 오십니다
햇살이 묻게 되겠지요
왜 자기를 닮지 않았느냐고?

그러면
당신은 환하게 미소 지으며
사과에게 듬뿍 주어서
달빛에 물들었노라고 얘기하시겠지요

가을이 청초한 어느 날
사랑하게 된
노을같이 붉은 사과에게
해의 마음을 다 주었노라고

배꽃을 피우며 하얗게 웃지요

당신을 바라봄이 휴식입니다

좋아서 가슴이 덜컹 내려앉았다가
싫어서 마음이 덜컥 주저앉는 사람들
그 사이에서 당신을 바라봄이 휴식입니다
왜 그리도 감정에 물살을 타는지
금방 좋아서 최고야 짱이라고 외치다
금방 싫어서 아! 입에 담는 게 얼마나
무섭고 가치가 떨어지는 일인지 모를
말들을 하고 있습니다

잔잔하면 큰일 납니까?
헐뜯지 않으면 발전이 없는 것입니까?
차분하면 세심함이 줄어듭니까?
악담을 서슴지 않아야 내가 살 것 같습니까?
아닙니다
남을 위한 게 나를 위한 것입니다
급류에 피어난 꽃이 더 아름답습니다
잠잠히 기다려 보십시오

당신을 바라봄이 휴식입니다
아무도 몰라주어도 아무도 못 본 척해도

어쩌면 제일 먼저 알아보고
가장 먼저 보게 되는 당신입니다
그래서 당신이 고운 걸 발견했고
당신이 귀한 걸 알았습니다
누가 꾸미거나 아름답다고 말하지 않아도
그냥 당신을 바라봄이 휴식입니다

달려가고 싶은 마음 그대는 알까?

달려가고 싶은 마음
그대는 알까?
그대에게만 달리는
내 마음 그대는 알까?
그대여! 나의 그대여!

비바람에도
그대 소식 듣고 싶고
갈잎에 떨어지는
가을의 늙음에도
그대 소식 듣고 싶어요

그대여!
나의 그대여!
참 좋은 그대여!
내 병이 날 만큼
좋아하는 그대여!

이별을 고하자마자 당신이 가득해집니다

이별을 고하자마자
당신이 가득해집니다
눈에도
손에도
가슴에도
창이 열린 듯

이별을 고하자마자 당신이 가득해집니다
입에도
손가락 사이에도
머리카락에도
창이 열리 듯

이렇게
사무치게 보고 싶은
당신이 가득 보입니다
내 목구멍에 가시가 박히듯
눈물이 나올 만큼
이별을 고하자마자
당신이 가득해집니다

가을이 붉어지는 이유입니다

너
한 대 맞으까?
알록달록 고우라고
가을이

너
살짝 안기까?
알딸딸 붉어지라고
가을이

너
참 고매하다
앙칼지게 꺾어주까
가을이

괜히 딴청은
사람 속 다 뒤집어놓고
너만 슬픈 듯 우냐
가을이

참
사람 쓸쓸하게
만드네
가을이

너
딱 그 자리에 있어라
내 사랑도 물들어 보자
가을아!

보는 순간 당신 생각이 났어요

길가에 가을이 묻어오는 날
그대 생각으로 물드는 아침입니다
곱디고운 나팔꽃이 내게 인사를 합니다
그대에게도 인사해주길 바라는 마음으로
잠시 나팔꽃을 풍경에 담았습니다
오늘도 분주할 당신의 눈 속에 담아두고 싶어서…

오랜만에 가을 길에 나섰습니다
사랑한다 사랑한다고 말하려다
고운 마음 지워질까 두려워
어쩌면 나도 나도라고 하였습니다
모르리이다 마음이 가는 길은
괜스레 길을 내고 마니…
내 마음 나도 모르리

하얀 그리움이 일기 전에
파란 보고픔이 파도처럼 일기 전
아무 생각 없이 길을 내었을 때
조심스레 멈추어 봅니다
그렇지 않고 가려면

사랑이란 못된 작약 꽃이 피어

눈물 흘리리니…

나의 아픔을 가만히 안아주는 너

너라서
너라서 내이야기에
마음을 연다

그 누구도
그 누구도 내 맘에 상처
상관없다고

너여야만 한 건지
꼭 너여야만 한 건지
내 마음을 안아줄 사람

너여야만 하여서
다가갈 수 있었나 보다
사랑이 되었나 보다

한 번도 등 돌리지 않았지
한 번도 스쳐 듣지 않았지
한 번도 날 울리지 않았지

너이기에 가능했다
날 너는 사랑하니까
마음 가득히 사랑이 있어서

알지 못했다고 하련다
그만 미안해져서
고맙다고 말하기조차도 부끄러운 걸

내 사랑
내 마음을 다 가지고 간 너라서
나를 다 벗겨내도 좋을 만큼 솔직했구나

나의 아픔을
가만히 안아주는
너

밤하늘의 별이 어두움을
무서워한다면 별이겠습니까?

별을 아십니까?
그 반짝임을 아십니까?
별이 밤을 무서워한다면
별이겠습니까?

자! 보십시오
저 별이 빛나는 이유를
하늘이 파래서입니까?
하늘이 까매서입니까?
아마도 별은 피식 웃을 겁니다

별의 속을 아는 하늘도
하늘의 속을 아는 별도
유난히 어둔 하늘가에 앉아서
별은 반짝이는 노래를 부릅니다

당신이 전하는 소식

꽃망울이 맺힐 즈음
희망이라는 연서
당신이 보내준 빨간 소식
향긋하게 향내 나겠다 싶습니다

꽃봉오리가 터질 즈음
사랑이라는 연서
당신이 전하여준 하얀 소식
활짝 피어날수록 그대 얼굴입니다

꽃잎이 떨어질 즈음
고독이라는 연서
당신이 전하여준 슬픈 소식
일어날 수 없는 병약함을 한탄합니다

꽃이 말합니다
당신이 전하여준 연서는
나에게 다 전달해주었노라고
언제나 함께하고픈 당신의 마음입니다

시인은 널브러져 산다

시인이 하루를 배정받다
밤새껏 단어 한 바구니 쏟아놓고
이거 고르고 저거 고르고
문장을 엮다가 밤을 꼴딱 지새우고
눈이 뻘겋게 충혈되어 눈이 안 떠진다

인공 눈물 한 줌 쏟아 넣고
겨우 일어나 화장실에 배앓이를 하고
밤사이 토하지 못한 시를 찾아 앉는다
이것이 네 짝이냐? 요것이 네 짝이냐?
시인이 되고 밤을 잊었다

뿌연 새벽
내 눈까지 뿌옇다
안개 낀마냥
시이를 줍다가 눈이 아파
오늘 이십사 시에 맞추어 한 편 때리까한다

제2부

나는 당신이 참 좋아요

보고프면 보고픈 대로
그리우면 그리운 대로
생각나면 생각나는 대로
사랑스러운 당신이 참 좋다 나는

당신이 나에게 말을 걸면
마음이 설레고
당신이 나를 잊으면
마음이 멍하고

당신이
나에게 시를 써주면
나는 참 행복합니다
당신으로 인해서

나도
당신에게 시를 써드리고
하나의 연정을 품어
씨앗으로 남을까 합니다

당신이 보고 싶어요 꽃같이 예쁜 사람아!

당신 곁에는
사랑이 물씬
느껴집니다
오늘도
그 사랑을 잠시라도
느껴봅니다

당신을 이제야 만나
그 사랑을 만질 수도 없고
볼 수도 없다는 사실이
오늘도
날 아프게 합니다
당신이 사랑이 되어서

꽃같이 예쁜 당신이
당신이 보고 싶어요
꽃같이 예쁜 사람아!
오늘은
당신을 만나 뵙고 싶어요
내 마음껏 사랑하게

사랑하고 싶습니다
자꾸만 당신을
당신에게 빠져드는 내 마음
오늘도
마른 장작같이 타들어갑니다
당신을 사랑합니다

사랑하게 되었네

당신을 본 순간부터
사랑하게 되었습니다
당신이 나를 알아본 그 순간부터
사랑하게 되었습니다
당신에게서 흐르는 사랑은
하늘이 내린 천성과 같아서
아름답기만 합니다

나는 마냥 당신이 좋아지고
당신이 사랑스러워지고
당신의 사랑에 머물고 싶어집니다
이 마음에 당신의 사랑이 닿는 순간
나도 같이 흐르게 되었습니다
어느 것이 당신의 사랑인지
어느 것이 내 사랑인지
모르게 되어 흐릅니다

강이 될 것만 같아
햇살과 빛나고
바다가 될 것만 같아

태양에 물들고
이리 흐르고
저리 흐르고
흐른다 하여도

그 사랑 잔잔하고 맑아서
사랑이 커져도 요동함이 없고
천성이 아름다워 격동하지 않는
애달픈 사랑이 멈추지 않고 흘러갑니다
흐르다 흐르다 멈추는 날에
그 사랑에 울지 않으려고
애쓰다가 애쓰다가 그리워집니다
마음 한가득 그리워집니다

참 좋다

당신이 올 거 같아서
마음이 설레어 환해집니다
당신이 오는 날은
화창한 날이어서 축복 가득합니다
당신 발걸음이 오지 않는다고 하여도
당신마음이 걸어옵니다
따스한 사랑이 되어 가득 달려옵니다

당신 곁에 내가 없다 하여도
당신과 나는 늘 하나의 마음이라
곁에 있는 듯 가깝고
같이 있는 듯 즐겁고
함께 있는 듯 기쁩니다
더 바랄 거 없는 축복이어도
한 번쯤 만나고 싶습니다

거리에 낙엽이 뒹굴어
서늘하기 전에 오십시오
갈바람에 기침할까 두려우니까요
하얀 눈이 소복이 내리기 전에 오십시오

오는 내내 미끄러울까 애타하지 않도록
나는 당신이 좋은 만큼 그리워하고
나는 당신을 사랑하는 만큼 걱정합니다

그러니 오시려거든
좋은 날 오십시요
방긋 웃으며 안겨들어도
기쁠 날에 오십시요
보기보다 겁이 많고
듣기보다 여리니
당신이 좋은 날에 즐겁게 오십시오

내 생일을 당신과 함께 맞이할 수 있다면

내 생일을
당신과 함께 맞이할 수 있다면
이보다 더 행복할 수는 없을 겁니다
내 생일을 당신과 함께 지낼 수 있다면
이보다 더 행운은 없을 겁니다

그대의
고운 미소가 나에게 행복을 주고
그대의
아름다운 포옹이 나에게 꿈을 주죠
이보다 더 아름다운 날은
나에게 없을 겁니다

푸르른 날이 계속되겠지요
꽃들이
만발하는 날들이 계속되겠지요
당신이 내 곁에 머무니까
이렇게 아침이 화사하고
마음이 화창합니다

오늘은 당신과 함께하는 날
더없이 좋은 생일날
축하와 축복이 있는 날
당신을 사랑합니다
사랑해요!

당신과 함께한 시간이 행복합니다

나
태어나서
이렇게
행복한 순간이
있었을까요?
그대를 만나서 참 행복합니다

그대가 쉬는 숨소리가
엷게 퍼지는 이 시간이
행복하고
그대가 머무는 눈빛의 평온함이
행복하고
그대의 입술이 내뱉는 모든 말들이
귀해서
그대를 사랑하는 일이 행복합니다

그대가 무엇을 해서가 아니라
그대가 내 곁에 함께 있어서
행복하여 노래를 부릅니다
그대가 내 사랑이고

내가 그대 사랑이어서
나는 그대의 노래가 됩니다
사랑합니다 당신을 영원히
행복한 당신입니다

누구를 잃는다는 것은
마음이 무너지는 일이었다

미워한다고
미워지는 게 아니었습니다
사랑했다고
사랑할 수 있는 게 아니었습니다
참 어리석어서 될 줄 알았습니다

그래서
단단한 줄 알고
이별도 두려워하지 않았더랬습니다
그래서
아파하지 않고
결론이 지어질 줄 알았더랬습니다

하지만
난 알았습니다
누굴 잃는다는 일이
내가 생각하지 않은 일들로
가득히 벌어졌습니다
그리고 무척 아팠습니다

미워도 사랑하고
사랑해도 아프다는
잃어도 아프고 쥐어도 아프고
아프다 그래서 무너지기도 쉬웠습니다
하지만 자신의 위치를 고수하며
찾아갑니다 아픔을 잊을 날을

참으로 아름답더구나

참
많이 가졌다고 했다
참
많이 버렸다고도 했다
참으로 아름답더라

버림도
아름답고
취함도
아름답고
그리고 정리가 되니 아름답더라

집안만 소재하고 살아라
지혜만 취하고 살아라
인생도 한 번씩 파도를 일으켜
뒤집어 정리하고 정립하자
참 아름답게 살아가려면…

빗방울은 혼자인 적이 없다

가로수 불이 켜져있다
후두둑 비가 내린다
서늘한 마음에
찬바람의 옷을 입고
넌 그림자처럼
내게 안긴다

난
네 사랑에 혼자여도
빗방울은 혼자인 적이 없다
언제나
내 마음이 그리움으로 불 때
휘휘 도는 아픔이 인다

비가 내리면
빗방울은 온몸을 말아 쥐고
칭가에서 옷을 벗는다
나는 그 모습에 한 잔
커피 향을 내뱉으며
길고 긴 보고픔에 따뜻한 입김을 분다

사랑이 커피처럼 탄다

사랑
그것을
볶다
뜨겁다

사랑
그것이
볶인다
향기롭다

사랑
그것이
탄다
불타오른다

사랑
그것이
남는다
그리운 향기로

이슬이 터질 때마다 꽃이 핀다

이슬 한 뼘 자라서
이슬이 터질 때마다 꽃이 핀다
이슬의 영롱함이 무너져
피어난 꽃은 이슬만큼 예쁘다
이슬을 잊을 만큼…

이슬이 풀잎에 앉아
놀다가련다 웃을 때
햇살이 쫙 비추어
이슬이 주르르 눈물 짓게 하여
풀꽃이 핀다

새벽은 아침이 오기 전에
꼭 냉정하게 이슬을 보내준다
쪼끄만 이슬은 새벽이 두려워도
천진난만하여 떼구루루
온 숲을 놀이터삼아 미끄러진다

알겠더라 네가 얼마나 내게 무관심한지를

알겠더라
네가 얼마나
내게 무관심한지를
얼마나 나에게
무성의한지를

철저히
외면하고
눈 깜짝도 안하는 널 보며
자신이 불리하지 않으면
내게 관심조차 없음을 알았다

당연히
그런
너를 많이 보아왔지
그래도
네가 사람이라면 변하기를 바랐다

하지만
이십 년이 다 되도록

넌

변함이 없구나!

네 곁에 아무도 없음이 이해가 되었다

손길

다정다감한 마음
다독다독거리다
안아주련다

사랑스런 마음
쓰다듬어 주고
격려하련다

칭찬하고 싶은 마음
등을 쓸어주며
예뻐하련다

예쁘다하고 싶은 마음
안아주고 업어주며
사랑스럽다하련다

꽃이 술에 취해서 향기를 발하다

꽃은
술에 취해
향기를 발하고
나는
꽃에 취해
나비가 되어 날아오른다

그대는
책에 취해
도인이 되어가고
나는
그대에 취해
꽃이 되어 피어오른다

그대는
비에 취해
나를 기억하고
나는
비에 취해
그대를 잊는다

그리움이 도둑질을 한다

그리움이 도둑질을 한다
내 사랑을 지 사랑인 거마냥
매일 그리워지게
그림자 사랑을 한다

잊었다가 생각나고
생각났다가 잊어지는
그리움이 밴 사랑
열 달 내내 품어도 출생하지 못한다

몹시도
추운 날 그리움이 나에게 왔다
아프고 아픈 날에
그리움이 나타나서 울게 했다

그리고 내게 그리움은
빨간 글씨로 사랑해라고
말해주었다 그리고
활짝 웃었다

당신과 이렇게 사랑하고 싶습니다

사랑하는 일이 무엇이 그리 두렵습니까?
사랑스런 당신이 내 앞에 있으면 그만인 것을…

사랑하는 일이 무에 그리 어렵습니까?
사랑으로 함께 키스하고 안아주면
다 되는 것을…

사랑하는 일에 서투름도 괜찮아질 겁니다
당신이 나에게 가장 편안한 사람으로 자리할 테니까…

사랑하는 일에 익숙함도 다양해질 겁니다
당신이 내가 되고 내가 당신이 되어
그 흔한 일상이 공유될 터이니…

사랑하는 일은 안락의자에 앉아
하루 종일 좋아서 헤하고
입 벌리는 일은 아닙니다

사랑하는 일은 어쩌면
눈물나게 가슴 시려운

동장군 같은 일인지도 모르겠습니다

그러나 언제나 당신 곁으로만 간다면
금방 온기로 데펴질 사랑의 온도로
가득합니다

사랑하는 일을 두려워서
여린 마음에 칼끝을 마주 섬과 같을까
섬뜩하여 머뭇거리지 마십시오

사랑하는 일이 온갖 마음 다 닦고
일어설 때 나만 걸레가 된 기분이 될지라도
뜨거운 물처럼 스며드는 사랑이

오분대기조로 있음을
기억하세요
항상 당신만을 위해 열려 있음을 아세요

알러뷰!
사랑해요!

당신과 이렇게 사랑하고 싶습니다

사랑은 해볼 만하다

부스스 일어나
깨어나지도 않은 시끄러움이
이리도 산뜻한 가을

코스모스 하늘거림이
유난히도 귀여운
앙증맞은 귀요미 가을

내가 너 올 줄 알고
기다리진 않았지만
사랑 너 쥐도 새도 모르게

내꺼 할 거야
갈바람 끼고 이렇게
온몸으로 불다 물들다 가자

버려진 난

꽃이 되고 싶었지?
흔들리는 세상에
나비처럼 꿈을 담은

꽃이 되고 싶었지?
바람이 감추어 둔
향기를 훔쳐 뿌리는

꽃이 되고 싶었지?
그래! 나도 긴 이파리 뒤로
난초라 불리고 싶었지!

예쁜 미소가 어울리는 여자

언제나 웃고 있었지
항상 밝은 생각을 가지고
내 옆을 지켜주었지
바라만 봐도 좋아서
같이 웃고
이야기만 해도 좋아서
같이 웃고
함께하는 시간이 좋아서
같이 웃고
참 좋다
늘 함께하고픈 내 사랑

생각만 해도 웃음이 났지
눈빛만 마주쳐도 웃음이 났지
안아만 주어도 너무나도
행복해서 웃음이 났지
사랑해라고 말만 해도
어린아이처럼 좋아라 웃음이 났지
항상 웃는 그녀는 인형처럼 귀엽고
사랑스러워서 못 견디게 예뻤다!

머리도 조그맣고 표현은 아름답고
언제나 미소 짓는 그녀는
내 안에 베타 엔도르핀

내 사랑 광주

당신은 내게 산소 같아요
눈에 보이지 않아도
가장 필요하고
가장 절실한
숨결보다 더 부드러운 내 사랑

당신은 내게 소낙비 같아요
갑자기 퍼부어도
달콤하고 시원하고
갈증 났던 모든 사랑을
풍족케 하는 단비 같은 내 사랑

당신은 내게 나무 같아요
푸르고 푸르고 푸르고
변함없이 따사롭고
열매를 많이 내어
배부르게 만들어 주는 내 사랑

당신은 내게 변호사 같아요
나를 위해 싸워주고

나를 변호해주고
나를 안아서 보호해주고
행복하게 만들어 웃게 하는 내 사랑

당신은 내게 낮잠 같아요
언제나 자는
밤잠보다 더 달콤하게
피곤을 풀어주어서
건강을 회복시켜 주는 에너지 같은 내 사랑

풍광

아름답다 하여
네가
풍광이 되었구나!

절벽의 깎아지름도
산위의 비틀거림의 들풀도
하나의 얼굴 같은

독수리의 날개 자락도
네 나머지 나잇살도
이처럼 여기 풍광이 되었구나!

치사하리만치
빈틈없던 바위틈 사이
풍란도 풍광이로구나!

사랑하고 싶은 날

계산하고 싶었다
네가
얼마나 날
사랑하는지 알고 싶었다

약 올라서
약 올리고 싶었다
내가 더
널 사랑하는 기 같어서

그리웁게 해주고
내가 보고파서
못 견디는 모습
지켜보고 싶었다

그러나
부질없다는 생각이 스친다
사랑하는데!
뻔히 알면서…

우와

사랑
너보다 예쁜
순도 백 프로의
금이 있을까?

사랑
이렇게
미치게 좋아서 빠지는
깊은 호수가 있을까?

사랑
너처럼
아무 바람 없이 사랑해줄
헌신이 있을까?

사랑
네가 나에게
스며들기까지
그 마음 기적이다

제3부

사랑이기에 아름답다

사랑이기에 아름답다
너와 내가 만나는 것도
너와 내가 만나서 이야기하는 것도
너와 내가 만나 마주 보는 것도
너와 내가 만나 웃음 짓는 것도
사랑이 묻어나서 아름답다

너는 나이기에 아름답고
나는 너이기에 아름답고
너와 내가 하나이기에
진정 아름다운 날들이다
내가 너를 원하고
네가 나를 원하고
모든 시간 속에 공존하기에
우리가 되어 아름답다

사랑해요 당신과 함께하고 싶습니다

오늘도
내일도
영원토록
그래서 마음껏
사랑하고
또 사랑하고
사랑하고 살고 싶습니다

그대 옆에서
살면서
그대 입에 들어갈
맛있는 음식을 만들고
그대 몸에 입혀줄
예쁜 옷을 빨고
그대 편히 누워서 쉴
침실을 정리하고
그렇게
하루하루 살고 싶습니다

잠들다 눈뜨면

예쁘다
예쁘다하며
그렇게 살고 싶습니다
아침이면 깨어나서
당신이 제일 사랑스럽다고
말해주고 싶습니다
당신 품속이 제일 포근하고
아름다운 보금자리라고
만족하며 살고 싶습니다

사랑도 영화처럼 상영하라

사랑도 영화처럼 상영하라
예쁘게 웃는다고
슬프게 눈물 흘린다고
이렇게 사랑이라며
누가 보아도
우리가 보아도
사랑이기를 바란다

금방 행복해서
금방 불행해서
살수록 고단해서
영화가 되어
사랑이 되어
이렇게 사랑하며
누가 보아도
우리가 보아도
감동이 되기를 바란다

사랑이 울려 퍼지면 이 마음 알게 될까요?

사랑이 울려 퍼지면
이 마음 알게 될까요?
같은 소리로 외치다
마음에 산이 되고
바다가 되고
메아리가 되면 알게 될까요?

우리가 서로
사랑할 수밖에 없었다는 걸
꿈결같이 아름다운 사랑을
가슴으로만 했다는 걸
그래서 사랑이 더욱
진하다는 걸 알게 될까요?

정말
함께하고 싶었다는 걸
정말
함세하면 행복하다는 사실을
진정으로
욕심 없는 사랑이었다는 걸 알게 될까요?

네가 나이기를 바랐다
그러나 아니었다

네가 나이기를 바랐다
그러나 아니었다
너는 너일 뿐이고
나는 나일 뿐이었다
사랑하기에
닮았다고 생각했다
다르지 않다고 생각했다
하루 종일
전화 통화 한 통 못 하는
사이가 얼마나 좋다고
얼마나 잘 유지될 거라고
기대를 한 걸까
점점 나아질 줄 알았다
그러나 아니었다
점점 우울해져만 간다
혼자가 되고
기다리고
하루가 가도
또 내일이 와도
여전히 그러고 있다

상호작용이 없는
사랑에 적신호가 켜진다
얼마나 슬픈지 모른다
남자들은 여자가 왜 웃어주며
우는지를 모른다
자기 마음만 편안하면
여자도 편안한지 안다
그래서 마음 턱 놓고 있다
얼마나 슬픈지 모르는 체
이별을 한다

나에게 묻더라 뭐가 그리도
행복하냐고 묻더라

너는
얼마나 행복하기에
매일 웃고

넌
무엇이 그리 좋아
매 순간 깔깔대니?

나에게 묻더라
뭐가 그리도
행복하냐고 묻더라

웃지 않고는
슬픈 사람들 곁에
다가갈 수 없어서

웃지 않고는
내가
날 유지할 수 없어서

웃기 시작했지
웃고 또 웃고
날마다 연습했지

이렇게 기침만 해도
사래만 들려도
웃는다고 느낄 만큼

웃는 사람이 되었지
가슴에 눈물의 호수가 하나
만들어지도록 웃었지

사랑하는 사이가 된다는 건 축복이야

너 그거 아니?
사랑하는 사이가 된다는 건 축복이야
사랑을 나누고
사랑을 나누다가 곱하고
사랑을 곱하다가 더하고
사랑을 더하다가 누리는 일이 축복이야

너 그거 아니!
너와 내가 수십 년을 모르는 체
살아가다가
너를 만나 설레고
사랑이라 말할 정도로 설레다가
가슴이 콩닥콩닥 뛰고
콩닥콩닥 뛰다가도 너에게 안주하고
안주하다가도 네 품에 쉬고
쉬다가도 좋다 좋다 느낄 수 있는 게 축복이야

너 그거 아니?
너만 내 꺼 하고 싶은 거
너만 내 남자로 느껴진다는 거

너 아니면 그 누구도 필요 없다는 거
너에게 나만 기억되고 싶다는 거
언제나 너의 여자이고 싶은 거
사랑하기에 사랑이여서
너이기에 사랑도 아깝지 않은 거
너 아니?
내가 너에게 전부라는 거

사랑이 어지럽다 빈혈인가 보다

처음 시작한 사랑은
민망하고 화나고 그래서
사랑이 참으로 어려웠다

어려움이 조금 무너져 갈 쯤
나에게만 올인 하는
사랑이 무겁게 짓누르며 부담스러웠다

그러다 결국
그 고통을 참지 못해
자유가 그리워서
사랑이 이별이 되었다

다시 돌아와
사랑은 거짓말처럼 깊어지고
사랑이 허전함이 되었다

자연은 남이 만든 공간에
들어간 적이 없다

바람이 분다
얌전하지 않게
여름 바람이 다 지나간 것처럼

자연은 한 번도
자기 시간에 지각한 적이 없다
자기 질서를 바꾼 적이 없다

사람처럼 순응하지 않고
무질서를 만들고 사는 생명도 없다
질서를 지키는 일이 가장 어려운 생명체다

자연의 자연스러움은
기쁨과 신비로움을 가져다준다
언제나 이루지 못할 사랑처럼 사랑을 가르치고 있다

나도 당신에게 이런 모습이고 싶다

나도
당신에게 이런 모습이고 싶다
예쁜 미소를 함께 짓고
사랑스럽게 키스하며
즐거운 시간을 느끼면서
아름답다고 자랑할 수 있는 시간
웨딩 포토를 찍으면서
할 수 있는 추억의 기쁨이리라

더 많이 웃고
더 행복해 하고
더 진하게 키스를 하고
당신 품에 더 깊이 안길수록
아름답다고 말해주는 사람 앞에서
사랑하는 사람끼리 마음껏
자랑할 수 있는 평생 한 번의 기회
나도 당신에게 이런 모습이고 싶다

늘 웃어 행복하고
추억의 한 편이 가슴에 남는

영화 같은 포즈로
사랑하는 사이라고 말할 수 있고
보여줄 수 있는 기쁨이
가장 아름다운 날
그 안에 여자의 행복이 평생 있고
남자의 강인함과 아내에게 주는
최고의 행복이 들어 있겠지요
보석함처럼 남아서

야경

네온사인 불빛이
온 거리에 퍼지면
야경이
보이기 시작한다

가로등 불빛이
거리를 가득 채우면
길거리의
풍경이 들어온다

밤에 나가서
걸어 다니는 일이
나에겐 두려운 일이다
하지만 밤마다

사람들은
자유롭게
어디론가 떠난다
어디로 그렇게 가는 것일까?

묶이지 않는 시간에
자유로운 만남을 잇고
허탈한
밤공기에 유혹되어

나방같이
불빛에 뛰어드는 사람들
어둠은 고요를 깨우고
고요는 유혹을 이기지 못하는 밤

야경은
누구든지
유혹할
준비가 다 되어있다

감사

나의 모든 것으로
감사를 하고 싶습니다
아침에 눈을 뜨고
기도를 하는 일상이 온 것도
마음껏 쉽게 숨을 쉬는 일도
아침 소변을 누는 일도
하나에서 열까지 다
감사드리고 싶습니다
내가 내 마음대로
할 수 있는 것 같아 보여도
내 마음대로 할 수 있는 일이 아니었음을 알고 있습니다

하루를 살며
일 분을 산다 해도
과연 내가 감사하지 않아도
될 만한 일이 무엇이 있겠습니까?
자연스러운 일이라서
감사하지 않는다면
특별한 일에도 감사할 수 없습니다
감사는 언제나 주어지는

열쇠가 아니라
언제나 열쇠로 사용해 온
마음이기 때문입니다

순간에 감사를 하려면
매일 매 순간 감사를 알아야하고
결코 모든 일에서 당연하다고
느끼는 건 없어야 합니다
길을 가다 들꽃과의 만남도
저녁에 곤하게 잠듦도
아침에 산소 속에 깨어남도
매순간 행복으로 느낍니다
그 속에 감사는 자연스럽게 따라와서
노래 부릅니다

비우지 못할 사랑

종지에 넣어 두었다
너무 예뻐서
밥그릇에 놓아두었다
매일 끼마다 생각나기에
국그릇에 담아 두었다
날마다 더 커져서
그리고
누군가가 볼 것만 같아서
벽장에 숨겨 두었다
나도 꺼내보기가 힘들어졌다
다시 꺼내어
보석함에도 넣어보고
농에도 보관해 보고
여기저기 숨겨 보았다
그래도 사랑은 보였다
반짝거려서 보이고
따뜻해서 보이고
생각나서 보이고
너무 커서 보이고
벽장에 다시 넣어두었다

이젠 보이지 않던

벽장에서도 보이게 되었다

이제 벽장에 두어서 보려 해도

사랑이 커져서 할 수 없이 꺼내어

안방에 두었다

사랑은

내 침대 위에서도 반짝거리고

내 의자 위에서도 반짝거리고

내 추억 속으로도 들어가서

반짝거리다가

나와 눈이 마주치면 방긋 웃는다

사랑 네가 좋아서

이대로 행복해서

비우지 못하겠다

늘 밝은 당신을 사랑합니다

오늘
내가 당신을 기억합니다
당신의 천사 같은 미소를
당신의 친절한 음성을
당신의 사랑 가득한 마음을
모든 상황 속에서
거침없이 뚫고
나가는 온유함을
잔잔한 물결 같은 파도를
봅니다
그러나
당신은 늘 견디어냅니다
좋은 건 좋아서 견디고
나쁜 건 나쁜 건지
알면서 버티어 내고
숨소리도 조용조용 내며
당신의 길을 가고 있습니다

흔들릴 거 같은데
요동이 없고

거칠 거 같은데
부드러우며
강단 있을 거 같은데
온화합니다
고집이 있어도
교만할 만큼이 아니며
자만이 있어도
부끄러움을
모를 만큼이 아니며
억지가 있어도
옳은 것을 버릴 만큼이
아닙니다
그래서
내가 당신을
사랑했나 봅니다

당신은 참 축복된 사람입니다

사랑하는 사람이 있어서
팔베개를 해주어 다독다독
사랑하는 사람이 있어서
다정하게 눈을 바라볼 수 있어서
사랑하는 사람과 마음이 맞는
고운 음성으로 얘기할 수 있어서
당신은 참 축복된 사람입니다

이 시간 보고픈데
지금 보고픈데
당장 달려가고픈데
할 수 있는 사랑하는 사람이
내 곁에 있다는 건
무척이나 고귀하고 행복한
당신은 참 축복된 사람입니다

같이 소리만 내어도
반갑고 기쁜 사랑하는 사람
그 사람이 숨을 쉰다는 건
나에게 있어 크고 큰 축복

함께 자고 먹고 사랑할 수 있는
그 한 사람을 가진 사람인
당신은 참 축복된 사람입니다

껌을 씹다

인생이 껌인가?
잘근잘근 씹어주어야
달달해지는

사랑이 껌인가?
포장을 뜯고
씹자마자 단맛 빠지는

껌처럼 씹다가
달달해지기도 힘들다
껌처럼 씹다가 뱉어내기도…

부부는 껌처럼 씹을수록
달달함이 무디어 가고
쫀득함이 남는다

씹을수록
단맛이 빠질수록
더 질긴 씹는 맛

그래서 껌은
사탕처럼 단맛에 안 먹고
씹는 맛에 먹나보다

쓰레기통에 처 박기 전에
물어보라
왜 껌을 씹어야만 했는지를

그리고
뱉지 않고
붙어 살아주어 고맙다고

껌같이
네가
내가…

사랑하는데 떠나보내면 용기 있는 걸까?

사랑해서
내가 해줄게 없다면
그 앞에서
물러나는 게 용기일까?

사랑하는데
더 나은 사람 만나라고
잘 가라고
웃어주는 게 용기일까?

아니! 그건 비겁함일 거야
널 책임 못 지는
비겁함을
멋지게 포장한 사랑

그렇게도
네 여자를 몰랐겠니?
붙잡아주길 원하는
그 마음을

그렇게도
사랑했다면서
너에게 얼마나 애타하는 심정인지
정말 외면할 수 있었겠니?

아니!
넌 너에게 책임을 묻게 될
그 사랑이 무서워서
비겁하게 돌아서 가는 거다!

사랑이야 내게 당신은 앵두 같은 사랑이야

사랑이야
내게 당신은
앵두 같은 사랑이야
빨갛게 익어서
반짝이는 눈빛과 얼굴이
왜 그리 예쁜지!
앙증맞게 귀여운 네 모습이
얼마나 사랑스러운지!

네가 그 작은 꽃에서
작은 모양으로 열릴 때
넌 얼마나 소중하게
태어났는지!
무조건 붉어져서
아름다워지고 아름다워져서
넌 앵두란다
난 네가 참 값지구나!

사랑아!
사랑아!

내 사랑아!
네가 얼마나 아름다운지
귀하고 아름다운지
작은 능력을 가졌다고 해도
넌 내 사랑이야!
네 마음이 진실로 사랑이야!

놓쳐버린 사랑이 바람을 타고 날아오르다

사랑이었다 하기엔
일찍 져버린 사랑
사랑이 아니라고 하기엔
마음에 깊이 뿌리내린 사랑
그 사랑을 놓치고
일찍 가버린 사랑에
목 놓아 울었다

한 잎가지에 새싹이 나고
두 잎 꽃봉오리에 새 꽃이 피고
나는 멍울진 검은 사랑에
밤새 앓았다
한 해가 가면 잊혀지려나!
두 해가 지나면
사랑도 지워지려나!

이러다 말겠지!
품은 마음 안쓰러워
다독여주면 괜찮겠지!
그러다가 입안이 다 패이고

몸에 살이 다 빠지고
아프기만 해서 누워버렸구나!
몇 달을!

지독한 사랑이었다!
누구의 가슴에 안겨보아도
안될 사랑!
이제 스물다섯 해!
그만 접어야지 할 때
그가 내게로 왔다
아직 덜 익은 풋사랑인 채로

이젠 누가 뭐라 해도 해보고 싶군요
그 사랑 바보같이 놓친 사랑

이젠
누가 뭐라 해도
해보고 싶군요
그 사랑 바보같이 놓친 사랑

인생의 반을 돌아 다시 만나
사랑을 하는데 또 누구에 의해서
헤어지거나 사랑을 놓친다면
난 죽어서도 사랑하고 싶어질 겁니다

바보같이 놓쳐서
아픈 건 나였고
바보처럼 떠난 건 나였지만
내 속에 사랑은 아직도

여전히 웃고 있습니다
당신을 향하여 이렇게
끝끝내 끝나지 않을
사랑이라고…

바라볼수록 아름다운 사람아

바라볼수록 아름다운 사람아
다 찾아보고 바라보아도
너만큼 예쁠쏘냐!

바라만 보아도 좋고
안기면 더 좋고
만지면 더욱 좋은 너를

마음껏 만나지도 못하니
어이할까나!
내 맘을 누가 알리오!

사랑한다고 얘기한들
내 마음 반이라도 알까?
다 주고 싶다고 표현한들 알리오?

이 내 가슴이 타들어간다 한들
그대는 알리오!
한 줌 재가 되어 바람에 날리는 것을…

사랑아 울어라 길게 한숨지어라
사랑이 뭐가 예쁘다고 날 이렇게

사랑아 울어라
길게 한숨지어라
사랑이 뭐가 예쁘다고
날 이렇게 만드나 모르겠다
사랑이라고 말해두고…

사랑이 좋다고
좀 벌레마냥 내 인생을 파먹고
기다림 반
인내 반 수시로 갉아먹고
날더러 사랑이라고 한다면…

사랑도 못하고
다 가버린 시간은
누가 나에게
찾아주리오
안타까운 내 사랑은…

정 맞아 아프다오
외면당해 아프다오

기다리다 지쳤다오
참다가 까무러칠 지경이라오
눈뜨지 않을 사랑이라면…

이대로 좋소
화합할 수 없는 사랑이라면
함께 나누지 못할 사랑이라면
받아줄 수 없는 사랑이라면
난 그만 접고 싶소 이대로…

오랜만에 행복 속에 있습니다

더위와 통증에 신음하다
여름이 지나간다고
매미가 구슬프게 우는 군요

코스모스는 여린 꽃잎을 뽐내며
이제 가을이라고
웃음 짓습니다

나는
오랜만에
평안한 아침을 맞습니다

아침마다
사람이 온다는 생각에 쫓기어
부리나케 아침을 맞고

하루 종일
사람들 입과 귀와 눈에 시달리며
긴장하여 온몸이 굳어빠지고
아파서 힘듭니다

도움을 받고 사는 일이
그리 녹록하지도 않고
그리 편한 것도 아닌지라
활보를 다 멈추어 놓고
이리 편안함을 만끽합니다

내 아이들과
내 집에서
누구의 잔소리도 듣지 않고
누구의 간섭도 받지 않고
누구의 눈총도 받지 않고
누구의 입김도 불지 않는

평화로운 공간에서
엄마로서
아들로서만 살 수 있다는 것은
축복입니다
그것도 화려한 축복입니다

간결함

너와 내가 하나로 뭉칠 때
우리라는 간결함이 느껴져
부드러운 연시가 되어
사랑이 된다

꽃과 나비가 한곳에서
어우러질 때
한 폭의 풍경화처럼 느껴져
사랑이 된다

새와 숲이 하나가 되어
같이 우짖을 때
숲이 푸름을 새가 희망을 노래해
사랑이 된다

가자!
천둥아!
번개야!
우리도 하나가 되어 비로 내리자
사랑이 된다

오해

아는 만큼만 보여요!
매 순간 부족함을 느끼며
배우고 자라가지요

오늘도 한 뼘
내일도 또 한 뼘
어른이 되어서도 한 뼘씩 커요

생각이 모자라서
행동이 모자라서
경험이 부족해서 그렇게 자라가지요

난
날마다 배울 거예요
아이처럼…

이 도서의 국립중앙도서관 출판예정도서목록(CIP)은 서지정보유통지원시스템
홈페이지(http://seoji.nl.go.kr)와 국가자료공동목록시스템(http://www.nl.go.kr/kolisnet)에서
이용하실 수 있습니다. (CIP제어번호 : CIP2017029192)

당신은 나에게
아름다운 풍경입니다

초판 1쇄 발행 2017년 11월 17일

지은이 최정민 **펴낸이** 임정일
책임 임병천 **편집** 김지해 **디자인** 이동헌

펴낸곳 책나무출판사
출판신고 2004년 4월 22일(제318-00034)

주소 서울시 영등포구 신길3동 325-70 3F
전화 02-338-1228 **팩스** 0505-866-8254
홈페이지 www.booktree.info

ⓒ 최정민 2017
ISBN 978-89-6339-560-9 03810

*이 책의 판권은 지은이와 책나무출판사에 있습니다.
*양측의 서면 동의 없는 무단 전재 및 복제를 금합니다.
*잘못된 책은 바꿔드립니다.